Tous droits réservés.

Toute reproduction même partielle du contenu, de la couverture ou des icônes, par quelque procédé que ce soit (électronique, photocopie, bandes magnétiques ou autre) est interdite sans les autorisations de Patrick BRON.

Le Code de la propriété intellectuelle interdit les copies ou reproductions destinées à une utilisation collective. Toute représentation ou reproduction intégrale ou partielle faite par quelque procédé que ce soit, sans le consentement de l'Auteur ou de ses ayants cause est illicite et constitue une contrefaçon sanctionnée par les articles L335-2 et suivants du Code de la propriété intellectuelle.

Copyright © 2022 - PATRICK BRON

SOMMAIRE

Introduction.................................... 3

1. Les règles à respecter   5
2. Les meilleures côtes du marché   11
3. Stratégie BTTS / no BTTS   17
4. Stratégie Draw no bet   25
5. Stratégie Away no bet   31
6. Stratégie Over / Under   39
7. Stratégie Lay 0-0   53
8. Stratégie Lay Over / Under   61
9. Stratégie Lay the Draw   65
10. Stratégie Lay Score exact   69
11. Stratégie Asian Handicap   75
12. Stratégie du Scalping   79
13. Mes 8 Stratégies Secrètes   83
14. Conclusion   111

INTRODUCTION

Avant que vous ne commenciez votre lecture, je tenais tout d'abord sincèrement à vous remercier pour la confiance que vous m'avez accordée en achetant ce livre, vous ne le regretterez pas. Je tenais également à en profiter pour me présenter à vous, au travers de mon parcours gagnant dans les Paris Sportifs, le Trading et le Betting Exchange.

Il y a quelques années encore, j'étais Comptable dans une grande Université Internationale de renom, au sein de laquelle j'occupais un Poste de Cadre, Poste à responsabilités qui m'offrait une vie très confortable. Les chiffres, les probabilités et les statistiques n'avaient donc plus de secrets pour moi.

Fort de plus de 30 ans d'expérience dans le Football, j'ai voulu passer à l'étape supérieure en abandonnant les Paris

Sportifs et en me tournant vers le **Trading Sportif** et le **Betting Exchange**, sans aucun doute beaucoup plus rentables.

Grâce à cette nouvelle façon de parier, j'ai pu acquérir ma liberté financière et mon indépendance.

Ce que j'ai gagné grâce à ce changement ?

Plus de patron, plus de réveil, plus d'horaires à respecter, et surtout je suis libre de faire ce que je veux quand je veux.

Si vous aussi vous souhaitez arrondir vos fins de mois difficiles et à terme devenir parieur professionnel, cette bible est faite pour vous.

Je vous dévoile ici les stratégies à connaître pour bien débuter dans le Trading Sportif, mais aussi mes 8 stratégies gagnantes, inédites et secrètes, pour devenir enfin un parieur gagnant et avisé !

CHAPITRE 1

Les règles à respecter avant de parier.

Pour bien débuter, il vous faut avant tout définir le montant de votre Bankroll, c'est à dire le montant de votre budget. Un budget trop limité réduira drastiquement vos gains. Optez dès le départ pour une Bankroll de 200 à 300 euros minimum. Cela vous permettra de voir venir et d'augmenter cette dernière au fur et à mesure de vos gains et de vos bénéfices.

Personnellement, et selon les matchs sur lesquels je parie quotidiennement, je ne mise pas plus de 5 % de ma Bankroll, sauf exception. Mes mises varient régulièrement entre 2 % et 5 % de ma Bankroll. Rester raisonnable dans ses mises et ne pas s'emballer au moindre bénéfice conséquent fera de vous un parieur accompli et prometteur. Cela vous permettra aussi de ne pas paniquer lorsque vous subirez plusieurs

pertes d'affilée puisque votre Bankroll sera mathématiquement toujours créditrice.

Heureusement il existe des stratégies bien précises pour palier aux paris perdants car oui, tout comme moi, vous subirez des pertes, voire des séries de plusieurs paris perdants.

En effet, le foot n'est pas une science exacte et le résultat d'un match dépend de beaucoup de facteurs : la composition des équipes, les joueurs blessés avant et pendant le match, le meilleur buteur en fait-il parti, la fraîcheur physique des joueurs, s'ils ont joué un match de qualification ou de coupe éprouvant en milieu de semaine par exemple, ont-ils gagné ou perdu la rencontre, l'enjeu et la motivation des deux équipes pour le match à venir, l'état du terrain, la météo, l'historique des équipes et leurs confrontations à domicile et à l'extérieur (bêtes noires), etc...

Tous ces facteurs sont à prendre sérieusement en considération avant de placer vos paris.

A la fin du livre, je vous donnerais d'autre part les liens des meilleurs sites gratuits pour affiner vos statistiques et miser le plus justement possible sur vos paris.

Ainsi vous serez parfaitement armé pour gagner un maximum de matchs quotidiennement, bien que je vous conseille de ne jouer que 4 ou 5 matchs par jour pour commencer. Ceci dans le but de vous familiariser avec les stratégies que je vous dévoilerais dans un prochain chapitre.

Dans tous les cas, misez uniquement l'argent que vous pouvez vous permettre de perdre et analysez en profondeur, et le plus minutieusement possible, les statistiques des 2 équipes.

CHAPITRE 2

Obtenir les meilleures côtes du marché.

Vous avez sûrement remarqué que les sites relatifs aux bookmakers Français, sites en « .FR » qui sont régis par l'ARJEL (Autorité de Régulation des Jeux en Ligne), ne vous offrent que des côtes à faibles valeurs ajoutées concernant le taux de retour sur investissement (ROI), et qu'à court ou moyen terme vous aurez très rapidement vite fait de vous retrouver avec une Bankroll à zéro.

Il y a heureusement une autre alternative parfaitement légale qui est de parier sur les bookmakers Étrangers, et je vais vous expliquer comment procéder.

Sachez cependant que si vous décidez de continuer à parier sur les bookmakers Français, toutes les stratégies de cette bible des paris sportifs vous seront utiles, sauf bien entendu celles concernant le Trading Sportif et le Betting Exchange (**Back and Lay**).

Pour explication, ces 2 derniers termes signifient que vous allez procéder à l'achat et à la revente de côtes sur les matchs de football.

On retrouve ce système de mises dans le Trading boursier avec l'achat et la revente d'actions.

En résumé, faire du Trading Sportif revient à acheter la côte d'un match (Victoire, nul ou défaite), et à la revendre avant la fin du match afin de dégager un gain et d'encaisser un bénéfice.

Pour ma part je trade (je parie) uniquement sur **Piwi247** et **Pinnacle (PS3838)**, mais vous pouvez également trader sur Matchbook, Orbitix ou Betfair. Ces sites de Trading Sportif proposent les meilleures côtes du marché mondial.

Si vous souhaitez parier sur ces côtes, inscrivez-vous sur l'un de ces sites, tout est gratuit :

https://www.piwi247.com/

https://www.ps3838.com/

https://www.orbitxch.com/

Attention : certains pays ne permettent pas de parier sur ces sites, la France en fait partie, tout comme la Belgique et la Suisse.

Il vous faudra donc passer par un VPN.

Voici un VPN gratuit qui fait très bien le travail (il y en a bien sur d'autres) :

https://protonvpn.com/fr/

CHAPITRE 3

STRATÉGIE BTTS / No BTTS.

Que signifie le terme BTTS ?

En Anglais, BTTS signifie « Both Team To Score », ce qui veut tout simplement dire « les 2 équipes marquent ».

Comment je procède pour avoir un maximum de chance de remporter mon pari ?

- Je me rends systématiquement sur le site gratuit www.oddsportal.com

- Je recherche le match qui m'intéresse.

- Je clique sur l'onglet «more bet, puis BTTS» et je regarde les variations des côtes concernant le « yes » et le « no ». J'analyse les côtes de chaque bookmaker et je regarde si les variations vont dans le même sens.

Ici, on parle techniquement de variations baissières ou haussières (à la baisse ou à la hausse). Je prends en référence la côte moyenne de tous ces bookmakers (voir la ligne « average » en dessous de la dernière ligne de cotation).

- Puis je me connecte sur mon bookmaker, et je regarde les côtes du BTTS du match choisi. Je compare ces côtes à la moyenne des côtes du site Oddsportal (ligne « average »).

- Je fais à nouveau la moyenne de ces 2 côtes « Yes » et « No ».

- Je note sur une feuille le résultat de cette moyenne qui me sera forte utile pour parier.

- Parallèlement à cela, et toujours chez mon bookmaker, je regarde les côtes du 1X2 (victoire à domicile, nul et victoire à l'extérieur).

- Si la côte du 1 et la côte du 2 sont sensiblement égales (exemple 2,10 et 2,40) alors je mise sur le BTTS.

- Si la côte de la victoire à domicile est inférieure à 1,50 et la côte de la victoire à l'extérieur est supérieure à 6, je ne parie pas (par expérience).

Il vaut mieux, dans ce cas, miser en sec sur la victoire à domicile, voire sur le 1N suivant la côte du N (maximum 4,50).

Astuce :

- Jetez un coup d'œil sur le site gratuit www.fctables.com et analysez si les équipes marquent beaucoup ou pas.

Si les 2 équipes marquent au moins 1 but dans 75 % de leurs 10 derniers matchs, alors vous pouvez tenter le BTTS.

Dans le cas contraire, laissez tomber ce match orientez-vous vers un autre match.

Il ne faut en aucun cas se focaliser à tout prix sur un match, surtout si votre équipe préférée en fait partie et que vous êtes persuadé qu'elle va gagner.

La prudence doit toujours primer sur les sentiments et la passion !

Dans la vie, tout est une affaire de risque !

CHAPITRE 4

STRATÉGIE DRAW NO BET

(ou pari remboursé si match nul).

Qu'est-ce que le Draw no Bet ?

- Le Draw no Bet (ou **DNB**) signifie que vous allez parier sur la victoire à domicile + match nul remboursé en cas de match nul.

- Si la victoire à domicile passe, vous gagnez la côte x par votre mise.

- Si il y a match nul, vous êtes remboursé de votre mise. Vous ne gagnez donc rien mais vous ne perdez rien non plus.

- Par contre si l'équipe qui joue à l'extérieur gagne, alors vous perdez votre mise de départ.

Comment opérer pour avoir un maximum de chance de remporter votre pari ?

- Tout d'abord analysez sur le site gratuit www.oddsportal.com la côte du Draw no Bet dans l'onglet « **DNB** ».

Si la côte est supérieure à 1,40 et inférieure à 1,70 (idem chez votre bookmaker), alors pariez sur le **DNB** en pré-match (avant que le match ne commence).

Grâce à la technique du **DNB**, vous avez donc au final 2 chances sur 3 de ne pas perdre votre pari (67%), et 1 seule chance de le perdre, en cas de victoire à l'extérieur (33%). Mais vous pouvez pallier à cette éventualité...

Astuce :

L'arme secrète pour ne pas perdre votre pari en cas de défaite de l'équipe qui évolue à domicile est de sécuriser votre **DNB**.

Voici comment procéder au travers d'un exemple entre l'équipe de Monaco qui reçoit l'équipe de Nice :

- La côte du **DNB** (Monaco + Match nul remboursé si match nul) est de 1,60.

Je mise 50 euros sur le **DNB**.

L'équipe de Monaco étant favorite, elle a statistiquement environ 75 % de chance de marquer le 1er but.

Effectivement, dans cet exemple, Monaco marque le 1er but à la 33eme minute de jeu.

A ce moment précis, vous voyez que la côte du **DNB** a baissé. Si la baisse de la côte du **DNB** se situe en dessous de 1,60 (ex : 1,48), alors placez un Lay de 50 euros également sur le **DNB** pour sécuriser votre pari initial.

Le Lay signifie que vous pariez contre la victoire de Monaco ou le match nul, et que vous pariez donc sur la victoire de Nice à l'extérieur.

En agissant ainsi, et quel que soit le résultat final du match, vous dégagerez un bénéfice. Évidemment, plus votre mise de départ sera élevée et plus votre bénéfice sera grand.

En conclusion :

Si Monaco gagne :

- Vous remportez (1,60 x 50 euros) – 50 euros de mise départ, soit 80 euros – 50 euros = 30 euros de bénéfice.

Si il y a match nul :

- Vous êtes remboursé de votre mise de départ et donc vous récupérez vos 50 euros. Vous n'avez ni gagné ni perdu.

Si Nice gagne :

- Vous gagnez 2 fois votre mise, (soit 2 x 50 euros) = 50 euros de bénéfice. 50 euros de bénéfice – 50 euros de mise de départ sur le **DNB** = 0 euro.

Dans les 3 cas donc, soit vous gagnez, soit vous récupérez votre mise.

Vous ne perdrez donc rien dans ce système sécurisé !

Cette stratégie a l'avantage de ne jamais vous faire perdre votre capital de départ, à condition que vous « Layiez » à une côte en dessous de votre mise sur le **DNB**.

C'est tout simplement mathématique !

CHAPITRE 5

STRATÉGIE AWAY NO BET

(ou pari remboursé si match nul).

Qu'est-ce que l'Away no Bet ?

- L'Away no Bet (ou **ANB**) signifie que vous pariez sur la victoire à l'extérieur + match nul remboursé si match nul.

- Si l'équipe qui joue à l'extérieur gagne, vous gagnez la côte x par votre mise.

- Si il y a match nul, vous êtes remboursé de votre mise. Vous ne gagnez donc rien, mais vous ne perdez rien non plus.

- Par contre si l'équipe qui joue à domicile gagne, vous perdez votre mise du départ.

Comment procèdez avec l'ANB :

- Analysez sur le site gratuit www.oddsportal.com la côte de l'Away no

Bet dans l'onglet « **DNB** » également car l'onglet « **ANB** » n'existe pas.

Attention : dans l'onglet **DNB**, pour l'Away no Bet (ou **ANB**), il vous faudra regarder la côte du 2.

Si la côte est supérieure à 1,40 et inférieure à 1,70 (idem chez votre bookmaker), alors pariez en pré-match sur l'Away no Bet (Victoire de Nice ou remboursé si match nul).

Avec l'**ANB**, vous avez également 2 chances sur 3 de ne pas perdre votre pari (67%), et 1 seule chance de le perdre, en cas de victoire à domicile de Monaco (33%).

Astuce :

L'astuce pour ne pas perdre votre pari en cas de victoire de l'équipe qui joue à domicile est la même que celle qui sécurise votre **DNB**.

Voici comment procéder au travers du même exemple entre l'équipe de Monaco qui reçoit l'équipe de Nice :

- La côte de l'**ANB** (Nice + remboursé si match nul) est de 1,65.

Je mise donc 50 euros sur l'**ANB**.

L'équipe de Nice étant favorite à l'extérieur dans ce cas-ci, elle a aussi statistiquement environ 75 % de chance de marquer le 1er but.

A la 41eme minute de jeu, dans cet exemple-ci, Nice marque le 1er but.

A cet instant précis, vous regardez la côte de l'ANB chez votre bookmaker et vous voyez quelle a en conséquence baissé.

Si la baisse de la côte de l'**ANB** se situe en dessous de 1,65 (ex : 1,54), alors vous placez un **Lay** de 50 euros également sur l'**ANB** afin de sécuriser votre pari initial.

Dans ce second exemple, cela signifie que vous pariez contre la victoire de Nice ou le match nul, et que vous pariez sur la victoire de Monaco à domicile.

Ainsi, et quel que soit le résultat final du match, vous obtiendrez un bénéfice. Et comme précédemment, plus votre mise de départ sera élevée et plus votre bénéfice sera grand.

En conclusion :

Si Nice gagne :

- Vous gagnez (1,54 x 50 euros) – 50 euros de mise départ, soit 77 euros – 50 euros = 27 euros de bénéfices.

Si il y a match nul :

- Vous êtes remboursé de votre mise de départ et vous récupérez vos 50 euros. Vous n'avez donc ni gagné ni perdu.

Si Monaco gagne :

- Vous gagnez 2 fois votre mise, (soit 2 x 50 euros) = 50 euros de bénéfice – 50 euros de mise sur l'**ANB** = 0 euro.

Dans les 3 cas, soit vous gagnez, soit vous êtes remboursé. Vous ne perdez donc pas d'argent non plus dans ce second système sécurisé !

Cette stratégie a l'avantage de ne jamais vous faire perdre d'argent à condition que vous « Layiez » à une côte en dessous de votre mise sur l'Away no Bet (**ANB**).

C'est encore purement mathématique !

CHAPITRE 6

STRATÉGIES OVER / UNDER.

Qu'est ce qu'un OVER ?

En Anglais « Over » signifie « plus de ».

Dans un match de foot, un Over 2,5, par exemple, signifie que pour gagner votre pari, il faut qu'il y ait plus de 2,5 buts dans le match, c'est-à-dire au minimum 3 buts, peu importe l'équipe qui marque. Il suffit simplement que le score final soit égal ou supérieur à 3 buts (2-1, 3-0, 2-2, 1-3, 1-2, etc...).

L'Over 2,5 est particulièrement prisé car statistiquement parlant, 6 à 7 matchs sur 10 se terminent par 3 buts ou plus.

Bien entendu le bénéfice final dépendra de la bonne sélection de votre ligue et de votre match.

La ligue Islandaise, comme parfait exemple, ainsi que la Bundesligua Allemande, sont très prolifiques en buts.

Il existe toute sorte d'Over :

- L'Over 1,5 (au moins 2 buts dans le match)

- L'Over 2,5 (au moins 3 buts dans le match)

- L'Over 3,5 (au moins 4 buts dans le match)

- Etc…..

Astuce :

Pour ma part, je parie toujours sur un Over en live, c'est à dire en direct.

Par exemple, je souhaite parier sur l'Over 2,5 entre Monaco et Nice. Cela signifie donc que pour que mon pari soit gagnant, il faut qu'il y ait au minimum 3 buts dans le match, peu importe qui marque.

<u>Comment je procède :</u>

- J'attends que le match soit situé entre la 15eme et la 20eme minute pour voir si il y a déjà 1 but de marqué. Si aucun but n'a été marqué, je laisse tomber et je m'oriente vers un autre match.

- Si un but a déjà été marqué durant ce laps de temps, alors je regarde en direct (télé ou application) si les 2 équipes se donnent à fond ou pas pour marquer un second but, combien de corners ont eu lieu, ou alors à l'inverse si les 2 équipes sont trop instables pour envisager qu'il y ait au moins 3 buts ou plus dans le match.

Si tout concorde dans le bon sens, alors je parie (je back) 20 euros par exemple sur l'Over 2,5 avec une côte à 2,50.

Ici, le second but arrive à la 44eme minute.

Je regarde alors la côte du Lay 2,5 (Pari contre le fait qu'il y ait au moins 3 buts dans le match). Cette côte aura forcément baissée puisque tout doucement on s'approche des possibles 3 buts ou plus dans le match.

Si la côte est inférieure à la côte initiale de 2,50 misée en Back, par exemple 2,20, alors je parie sur le Lay 2,5.

De cette façon, je sécurise mon pari !

- Si il y a plus de 3 buts dans la match, je gagne (2,50 x 20) euros – 20 euros de mise = 50 euros – 30 euros = 20 euros de bénéfice.

- Si il y a moins de 3 buts dans le match, je gagne 2 fois ma mise puisque c'est un Lay, soit (2 x 20 euros – 20 euros de mise sur le Lay) = 20 euros – 20 euros de mise sur le Back = 0 euro de bénéfice. Je ne gagne rien et je ne perd rien non plus.

Vous pouvez bien entendu faire de même avec n'importe quel Over (Over 1,5, Over 2,5, Over 3,5, etc…)

Important :

- Avant de placer une mise sur un Over 1,5, par exemple, je regarde toujours les 10 derniers matchs de l'équipe à domicile (Monaco) et de l'équipe à l'extérieur (Nice).

- Je fais la moyenne des buts inscrits par Monaco à domicile et j'en fais de même pour Nice à l'extérieur.

- Si les 2 équipes ont une moyenne supérieure à 1,5 alors je place ma mise sur l'Over 1,5 car il y a de très fortes chances qu'il y ait au moins 2 buts dans le match.

- Si l'une des 2 équipes a une moyenne de buts marqués inférieure à 1,5, je ne parie pas sur ce match.

Vous pouvez faire de même avec les autres Over si vous le souhaitez

- Si vous choisissez de parier sur un Over 2,5, il faudra que la moyenne des buts marqués de chaque équipe soit supérieure à 2,5.

- Si vous choisissez de parier en Over 3,5, il faudra que la moyenne des buts marqués de chaque équipe soit supérieure à 3,5.

Qu'est ce qu'un UNDER ?

En langue Anglaise «UNDER» signifie «en dessous de ».

Un Under 3,5, par exemple, signifie que pour gagner votre pari, il faut qu'il y ait un maximum de 3 buts à l'issue du match, peu importe l'équipe qui marque. Il faut tout simplement que le score final soit égal ou inférieur à 3 buts (2-1, 3-0, 1-0, 1-2, 1-1, 0-0, etc...).

L'Under 3,5 est un pari particulièrement rentable si l'on sélectionne bien ses matchs, et après avoir fait une bonne analyse des statistiques et des données de chaque équipe.

Les championnats Russe, Israélien et Grec par exemple sont très pauvres en buts.

C'est bon à savoir !

Il existe plusieurs sortes d'Under :

- L'Under 1,5 (moins de 2 buts dans le match)

- L'Under 2,5 (moins de 3 buts dans le match)

- L'Under 3,5 (moins de 4 buts dans le match)

- Etc.....

Astuce :

La technique consiste à sélectionner 2 équipes très défensives et qui, par la force des choses, encaissent très peu de buts.

Pour cela, je regarde dans le championnat qui m'intéresse les meilleures équipes défensives.

En général, je prends les 5 ou 6 meilleures défenses au classement et je cherche 2 d'entre elles qui s'affrontent. Si rien ne matche correctement alors je change de championnat.

Je parie toujours sur un Under en live, c'est à dire toujours en direct.

Par exemple ; je veux parier dans le championnat Grec, sur l'Under 3,5 buts entre L'Olympiakos et le Panathinaikos.

Cela signifie donc que, pour que mon pari soit gagnant, il faut qu'il y ait au maximum 3 buts dans le match.

<u>Voici comment je procède en live</u> :

- J'attends que le match arrive environ à la 20eme minute pour voir si il y a déjà 1 but de marqué. Si aucun but n'a été marqué je m'intéresse assidûment à ce match.

- Après analyse des confrontations entre les 2 équipes, je remarque que peu de buts sont marqués. Cela va d'ores et déjà parfaitement bien dans le sens d'un Under 3,5 buts.

- Je parie alors (je back) 30 euros, par exemple, sur l'Under 3,5 avec une côte à 2,30.

- Le 1er but arrive ici à la 38eme minute. Pas de panique, tout va bien. Il faudrait encore 3 buts pour perdre mon pari.

- Le second but arrive à la 67eme minute.

Comment réagir ?

Il y a 3 possibilités :

- La 1ere est de se dire que, d'après les statistiques et les antécédents communs, ces 2 équipes ont les meilleures défenses du championnat Grec, et par défaut il y a normalement très peu de chance pour qu'une de ces 2 équipes prenne encore 2 buts avant la fin du match, ou que le match se termine par un match nul 2 à 2. Je laisse donc le match se terminer tranquillement.

- La seconde solution, et seulement si l'on appréhende la fin du match, on regarde autour de la 75eme minute notre cash-out, et s'il est dans le « vert », c'est-à-dire bénéficiaire, alors on prend notre bénéfice.

Il vaut mieux gagner 10 ou 15% de sa mise que ne rien gagner si 2 autres buts arrivaient malencontreusement dans le dernier quart d'heure. Ceci évite beaucoup de stress et assure malgré tout un gain.

- La 3eme possibilité, et uniquement si l'on pense, au vu des actions , du nombre de tirs au but, etc., que 3 buts ou plus peuvent arriver avant la fin du match, est de parier (on back) après la 75eme minute sur l'inverse de l'Under 3,5, c'est-à-dire de parier sur l'Over 3,5.

On ajuste à ce moment-là notre mise jusqu'à ce que le gain de l'Under soit à zéro.

Ceci est impératif !

En effet, en procédant ainsi, on sécurise encore et encore notre pari.

- Si au final il y a 3 buts, ou moins, dans le match, l'Under est gagnant et on récupère notre mise. On n'a donc rien gagné et rien perdu non plus.

- Si il y a plus de 3 buts dans le match, alors c'est notre pari sur l'Over 3,5 buts qui est gagnant, et dans ce cas-là, on remporte notre mise x la côte de l'Over 3,5 buts.

En conclusion, soit on gagne, soit on est remboursé !

CHAPITRE 7

STRATÉGIE LAY 0 - 0.

Qu'est-ce qu'un LAY 0 – 0 ?

En Anglais, « Lay » veut dire « parier contre ». Miser sur un Lay 0 – 0 revient donc à parier contre le fait que le match se terminera sur un match nul 0 à 0.

Comment procéder ?

- Je prends un match dont le résultat à la mi-temps est de 0-0.

- Je regarde les stats de la 1ere mi-temps de chaque équipe : nombre de tirs effectués, nombre de corners, de coup francs, de cartons jaunes et rouges, nombre de blessés qui seraient sortis du terrain et remplacés, si les 2 équipes sont offensives et cherchent réellement à gagner le match (voir en direct le match est un atout supplémentaire), etc.

- Si, en accord avec les statistiques à la pause, je pense sérieusement qu'un but peut arriver en seconde période, alors je mise sur un »Lay 0-0 ».

- Très peu de matchs se terminent sur un score de 0-0, même si cela arrive de temps en temps bien évidement. Mais le risque de perdre de longues séries, au vu des statistiques sur plusieurs années de pronostics, est vraiment minime sur le long terme. En effet, peu d'équipes engrangent 3 ou 4 matchs nul à la suite sur le score de 0 à 0.

Quoi qu'il en soit, cette façon de parier fait partie des plus rentables !

Généralement je mise sur un match où l'une des 2 équipes est largement supérieure à la seconde (ex : le Bayern de Munich à domicile contre Augsburg à l'extérieur).

En pariant sur ce genre de match, le fait qu'un but soit inscrit dans le match est logiquement une simple formalité.

Astuce :

Pour ma part, je mise essentiellement sur une équipe favorite qui joue à domicile, qui se situe dans les 5 ou 6 premières au classement, et qui affronte une équipe outsider, inférieure à elle donc, qui se situe après la 12eme place. Ceci résulte des résultats de mes propres analyses et statistiques sur les 3 dernières années.

En résumé, miser sur un Lay 0-0 signifie que, quel que soit le score final du match, vous gagnez votre mise x par la côte si il n'y a pas match nul 0-0. Tout autre match nul (1-1, 2-2, 3-3, etc.) est gagnant !

Vous pouvez également miser sur un autre Lay que le Lay 0-0.

- Si par exemple vous misez sur un Lay 1-0, cela signifie que vous pariez contre le fait qu'il y aura 1-0 à la fin du temps réglementaire.

- Si vous misez sur un Lay 1-2, cela signifie que vous pariez contre le fait que le match se terminera sur le score de 1-2.

- Etc....

Cette technique est très rentable.

Faites cependant attention à cette règle :

- **Lorsque vous pariez sur un Lay, et quelle que soit sa côte, vous gagnerez 2 fois votre mise si votre pari est gagnant.**

- Si vous pariez 20 euros avec une côte de 3,50 sur un Lay 2-2 par exemple et que votre pari est gagnant, vous ne gagnerez pas 20 euros x 3,50, soit 70 euros, mais vous gagnerez 20 euros x 2, soit 40 euros.

Attention donc à cette règle difficile à comprendre au début mais très importante !

CHAPITRE 8

STRATÉGIES LAY 0VER / UNDER.

Qu'est-ce qu'un Lay sur un Over ?

Prenons l'exemple, dans ce chapitre très court, d'un « Lay Over 2,5 » sur le match Monaco – Marseille :

- Parier de cette manière signifie que vous allez miser contre le fait qu'il y ait 3 buts ou plus dans le match. Cela revient au même que de parier sur un Under 2,5, sauf que les côtes sont beaucoup plus intéressantes.

Qu'est-ce qu'un Lay sur un Under ?

- Cela signifie que vous allez parier contre le fait qu'il y ait 2 buts ou moins dans le match. Cela revient au même que si vous placiez un pari sur un Over 2,5, sauf que là aussi les côtes seront plus séduisantes.

Familiarisez-vous avec ce type de Trading, vous en tirerez beaucoup de satisfaction !

CHAPITRE 9

STRATEGIES LAY THE DRAW
(ou parier contre un match nul)

Qu'est-ce qu'un Lay the Draw ?

Le principe est le même que le Lay 0-0, sauf qu'ici vous allez parier contre le fait qu'il y ait un match nul à la fin du match, y compris un match nul se terminant par 0-0.

Un Lay the Draw consiste donc à parier contre le fait qu'il n'y aura pas 0-0, 1-1, 2-2, 3-3, 4-4, etc.… à la fin du temps réglementaire.

Astuce :

- Personnellement je regarde toujours le résultat du match à la mi-temps.

- Si le résultat est par exemple 1-1 alors j'étudie à fonds les stats du match.

A savoir combien de fois chaque équipe à tiré au but, combien de corners ont-elles obtenus, y a t-il eu des tirs sur les poteaux ou sur la barre transversale, des blessés en cours de jeu sont-ils à déplorer, etc.

Toutes ces analyses approfondies me permettent de considérer si le match se terminera par un match nul ou non.

CHAPITRE 10

STRATEGIES LAY SCORE EXACT

Qu'est-ce qu'un Lay Score exact ?

- Tout simplement c'est parier sur le fait que le score « Layé » ne se produira pas.

Par exemple vous Layez sur le score de 1-3 sur le match Monaco - Marseille.

- Cela signifie que vous pensez que le match ne se terminera pas sur le score de 1-3 en faveur de Marseille.

Cette technique est très rentable mais il faut malgré tout faire attention à la côte du score « Layé » car ces côtes sont souvent très élevées.

Plus la côte est élevée et plus vous avez de chance de gagner votre pari, mais plus vous risquez de perdre de capital si la malchance est avec vous et que le score de Monaco contre Marseille se termine effectivement par 1 à 3.

Personnellement, je parie la plupart du temps sur le Lay 3-3 car ce score n'émerge que très rarement.

Cependant, pour un tel type de pari, il vous faut une Bankroll élevée car si le score de 3-3 venait à tomber, il faudra avoir du répondant derrière.

Pour ma part, je sécurise toujours ce genre de pari.

Je mise en particulier sur un match entre, d'une part une équipe classée dans le trio de tête, et d'autre part une équipe classée dans les 3 dernières places du classement.

Par exemple, le Bayern de Munich contre Arminia Bielefeld.

Il serait vraiment incroyable que le Bayern, 1er du classement, fasse match nul 3 à 3 contre le dernier du classement. Même si cela peut arriver, ça reste très rare malgré tout.

Rappelez-vous que lorsqu'on parie sur un Lay, en cas de victoire de notre pronostic, on ne gagne uniquement que 2 fois notre mise.

Par exemple si vous avez miser 20 euros sur un Lay 3-3 sur le Bayern contre Arminia Bielefld, à une côte de 50, vous ne gagnerez pas 20 euros x 50, soit 1000 euros, mais 2 x 20 euros seulement, soit 40 euros.

A l'inverse si votre pari est perdant vous perdrez 20 euros x 50 de côte, soit 1000 euros.

Ne prenez aucun risque sur ce genre de pari !

Il vaut mieux parier 5 euros sur un Lay 5-5 que que sur un Lay 1-1 ou un Lay 2-1 par exemple, car un Lay 5-5 n'arrivera jamais sur une saison entre 2 équipes diamétralement opposées, ou alors il faudrait vraiment avoir une malchance inouïe.

CHAPITRE 11

STRATEGIES ASIAN HANDICAP
(ou AH)

Qu'est-ce qu'un Asian Handicap (ou AH) ?

Il existe une multitude d'Asian Handicaps, en voici quelques uns pour ne citer que les principaux et les plus rentables selon ma propre expérience :

- L'AH -1 à domicile : signifie que le match débutera sur le score de 0 à 1 en faveur de l'équipe visiteuse. Pour gagner votre pari à domicile, l'équipe qui reçoit devra gagner le match avec 2 buts d'écart ou plus.

- L'AH +2 à domicile : signifie que le match débutera sur le score de 2 à 0 en faveur de l'équipe qui reçoit. Pour gagner votre pari à l'extérieur, l'équipe visiteuse devra gagner le match avec 3 buts d'écart ou plus.

- L'AH -1,5 à domicile : signifie que le match débutera sur le score de 0 à 1,5 en faveur de l'équipe qui reçoit.

Dans ce cas précis, pour que votre pari soit gagnant sur la victoire à domicile, il faudra que l'équipe qui reçoit gagne par 3 buts d'écart ou plus.

- L'AH -1 à l'extérieur signifie que le match débutera sur le score de 1 à 0 en faveur de l'équipe qui reçoit. Dans ce cas précis, pour que votre pari soit gagnant avec une victoire à l'extérieur, il faudra que l'équipe qui se déplace gagne par 2 buts d'écart ou plus.

CHAPITRE 12

LE SCALPING

Qu'est-ce que le Scalping ?

Le Scalping est une méthode qui permet de trader à très court terme, généralement en moins de 15 minutes.

En l'occurrence vous achetez une côte avant le début du match, en pré-match donc, et vous la revendez avant la 15 ème minute, si la vente vous est profitable bien entendu..

Exemple :

- Repérez une victoire à domicile dont le Back se situe autour de 1,70, et avec un nul > 4,00

- Le mettre en place 2 à 3 jours avant que le match ne commence afin d'avoir de meilleures côtes.

En effet, ces dernières seront encore fluctuantes chez les Bookmakers, d'où l'intérêt d'obtenir les côtes les plus hautes possibles.

- On back le Draw (le math nul) avec 10 euros et une côte de 4,10 (par exemple).

- Ensuite, on back le même Draw, toujours avec 10 euros, mais en passant de façon manuelle la côte à 4,30 (par exemple).

- La technique maintenant est de « Layer » le Draw manuellement, à une côte de 3,80 (la côte doit toujours être en dessous de 4,00 mais proche de celle-ci).

Via cette technique, le Back du Draw ayant la plus petite côte sera automatiquement Cash-out par le Lay à 3,80.

Le Lay le mieux côté restera actif quant à lui. On pourra le cash-out à tout moment et nous obtiendrons alors un bénéfice.

Cette technique dite « de **Scalping** » est particulièrement puissante et offre des bénéfices très rapides.

Plus vous miserez tôt avant le début du match et plus votre bénéfice sera conséquent.

N'hésitez donc pas à parier sur des matchs qui auront lieu dans plusieurs jours, voire dans une semaine...

Les côtes en seront d'autant plus attractives !

CHAPITRE 13

MES 8 STRATÉGIES SECRÈTES.

Dans cet avant dernier chapitre, je vais vous dévoiler les stratégies qui me rapportent le plus et qui m'ont permis de vivre de mes trades.

Stratégies n°1 – Le Lay 0-0 :

- Tout d'abord rendez-vous sur le site gratuit https://www.soccerstats.com/ ·

- Choisissez la ligue et le match qui vous intéresse.

- Regardez les 8 ou 10 derniers résultats des 2 équipes que vous avez choisies.

- Est-ce que l'équipe qui reçoit a fait plusieurs 0-0 dans ses derniers matchs ?

- Si oui, l'équipe qui reçoit a t-elle fait 1 ou 2 fois 0-0, voire 3 fois 0-0, lors de ses 3 derniers matchs ?

- Si tel est le cas, je parie sans hésiter sur un Lay 0-0. En effet il est peu fréquent, voire assez rare qu'une équipe qui a fait par exemple 2 matchs nuls 0-0 de suite en fasse un 3ème. C'est statistique !

Dans un second temps, il vous faut tout de même assurer un gain au cas où le match se terminerait malencontreusement sur le score de 0-0.

Stratégies n°2 – La méthode de Kelly :

La méthode de Kelly est une méthode mathématique reconnue dans les paris sportifs, qui vous avise si vous devez miser ou non sur un pari, et quel pourcentage de votre Bankroll devriez-vous miser au maximum.

La formule mathématique de Kelly se décompose ainsi :

((C x P) – E) / C

C = côte décimale – 1 (100 / côte – 1)

P = probabilité de réussite du pari

E = probabilité d'échec du pari (= 1 – P)

ou pour simplifier la formule :

((côte x probabilité - 1) / (côte – 1)) x 100

Prenons un exemple concret :

Vous souhaitez miser sur une victoire à domicile avec une côte de 1,95 ?

Voici comment calculer votre formule de Kelly :

- côte de la victoire à domicile de Monaco = 1,95

- Probabilité de réussite = 100 / 1,95 = 51,28 %

- Vous estimez la victoire de Monaco à 55 % par exemple

Formule de Kelly pour ce pari :

= ((1,95 x 55 % − 1) / (1,95 − 1)) x 100

= 0,0725 / 0,95 = 7,63, soit **7,63%**.

Ce résultat est positif et indique de surcroît un avantage en votre faveur qui incite à miser sur la victoire de Monaco à domicile.

La formule de Kelly préconise donc que vous misiez au maximum 7,63% de votre Bankroll. Vous êtes seul juge de votre mise !

Cela vous permettra de gérer votre capital de manière confortable et de ne pas miser une grosse somme sur un coup de tête.

Attention cependant :

Si le résultat de la formule est négatif, vous ne devrez évidement pas parier sur ce match !

Stratégies n°3 - La méthode Fibonacci :

Cette méthode consiste à multiplier votre mise par un certain nombre, et ce à chaque fois que vous perdez un pari.

La suite de Fibonacci se compose ainsi :

1-1-2-3-5-8-13-21-34-55-89 etc....

Cela indique qu'après les deux nombres de départ (1 et 1), chaque nombre supplémentaire dans la séquence est la somme des deux nombres précédents.

Je vous conseille de ne pariez que sur le résultat nul et **sur une seule et même équipe**.

Exemple :

Pariez toujours sur le match nul de Reims, que l'équipe joue à domicile ou à l'extérieur. Il est très rare qu'une équipe ne fasse pas de match nul pendant 8 ou 9 matchs d'affilée, voire 10. Cela peut arriver bien sur, et il vous incombera de vous arrêter au bon moment, selon le solde de votre Bankroll et selon le risque que vous voulez prendre.

Personnellement, si au bout de 4 matchs de suite le résultat nul n'est toujours pas tombé, je repars à zéro sur un autre match.

J'accepte ma perte et je passe à autre chose.

Vous pouvez aller comme bon vous semble au-delà de 4 matchs nuls mais faites malgré tout attention, et sachez vous arrêter avant de perdre une grosse somme.

Il vaut mieux recommencer à miser sur un autre match, avec éventuellement une mise plus élevée que la première.

Cela vous évitera du stress et de l'anxiété !

Ma technique personnelle :

Cette technique, basée uniquement sur le Trading « Back and Lay », m'a demandé des dizaines et des dizaines d'heures de calculs et de recherches pour pour pouvoir aboutir à une méthode fiable et gagnante 8 à 9 fois sur 10, quel que soit le match sélectionné.

Votre bénéfice dépendra comme toujours de votre mise de départ. Il pourra être de quelques euros par jour à des dizaines d'euros quotidiens, voire plus, mais vous serez toujours gagnant.

Voici comment procéder :

- Comme à chaque fois, sélectionnez le match qui vous intéresse.

- Choisissez par exemple de miser sur le match nul avec une côte de 1,90.

- Votre 1er pari sera donc de 1,90 x 1 euro. Si vous gagnez, vous aurez un bénéfice de (1,90 x 1) – 1 euro de mise, soit 0,90 cts.

- Si votre pari est perdant, pariez à nouveau 1 euro sur le match nul de la même équipe (**c'est très important**), mais avec une côte de 2 (ou supérieure à 2). Si vous gagnez, votre bénéfice sera de (2 x 1 euro) – 1, soit 1 euro.

- Si votre pari est perdant pour la seconde fois consécutive, pariez alors 2 euros sur un match nul de la même équipe avec une côte de 2 ou supérieure. Si vous gagnez, votre bénéfice sera de (2 x 2 euros) – 2 euros, soit 2 euros.

- Si votre pari est perdant pour la 3eme fois consécutive, pariez alors 3 euros sur un match nul de la même équipe avec une côte de 2 ou supérieure. Si vous gagnez, votre bénéfice sera de (3 euros x 2) – 3 euros, soit 3 euros.

- Si votre pari est perdant pour la 4eme fois consécutive, pariez alors 5 euros sur un match nul de la même équipe avec une côte de 2 (ou plus). Si vous gagnez, votre bénéfice sera de (5 euros x 2) – 5 euros de mise, soit 5 euros.

- Si votre pari est perdant pour la 5eme fois consécutive, pariez alors 8 euros sur un match nul de la même équipe avec une côte de 2 (ou plus). Si vous gagnez, votre bénéfice sera de (8 euros x 2) – 8 euros de mise, soit 8 euros.

- Etc…….

Comme vous pouvez le voir, en misant sur une côte de 2 (ou plus) dès votre second pari, et s'il est gagnant, vous toucherez à chaque fois au minimum 2 fois votre mise, et vous aurez un bénéfice du montant de votre mise.

Vous pouvez continuer en cas de perte jusqu'au seuil critique que vous aurez défini, et suivant votre Bankroll, mais comme je viens de le mentionner un peu plus haut, faites attention de ne pas aller trop loin pour ne pas risquer de tout perdre en cas d'une longue série sans match nul.

Évidemment, comme à l'accoutumée, plus votre mise de départ sera élevée et plus votre bénéfice sera élevé lui aussi.

Mais attention à l'inverse…

Cela peut malheureusement aller très vite dans le sens opposé !

Stratégies n°4 - BTTS + Under 2,5 :

- Trouvez un match où le BTTS est assez en dessous d'un « No BTTS » (**critère n°1**).

- Par exemple avec un BTTS de 1,90 et un « No BTTS » de 2,40.

- Vérifiez ensuite si l'Under 2,5 de ce match est bien en dessous de l'Over 2,5.

- Par exemple un Under 2,5 avec une côte de 1,70 et un Over 2,5 avec une côte de 2,60 (**critère n°2**).

Si les critères n° 1 et n° 2 sont réunis alors on peut tenter de miser sur le score exact de 1-1, voire sur l'Under 2,5 en même temps !

Stratégies n°5 - La Green Simulation :

Choisissez un match qui vous intéresse, peut importe les côtes respectives et faites la simulation suivante :

- Parier 10 euros par exemple en Back sur la victoire à domicile, puis sur un Back de 10 euros sur le N, et pour finir sur un Back de 10 euros sur le 2 (3 paris au total donc).

- Faites ensuite un Lay de 10 euros sur le 1 (**très important : toujours parier en Lay avec la même mise que le Back**), puis un Lay de 10 euros sur le N, et pour finir un Lay de 10 euros sur le 2 (3 paris au total également).

- Cela vous fait au final 6 paris de misés.

- Ne pas valider les 6 paris pour le moment.

Regardez tout d'abord si le 1, le N et le 2 sont dans le vert. C'est-à-dire si leur % est positif. S'ils ne le sont pas, essayez d'ajuster une ou plusieurs mises jusqu'à y arriver.

- S'ils sont tous dans le vert, alors vous pouvez miser sur les 6 paris les yeux fermés puisque, quel que soit le résultat final du match, vous serez gagnant.

Cette méthode de la Green Simulation est très rentable mais elle demande un peu de temps car il faut essayer plusieurs matchs avant de tomber sur celui dont les 3 feux sont au vert.

Il est évident que lorsque vous aurez trouvé un match correspondant, votre bénéfice dépendra à nouveau de la somme jouée, et plus vous miserez gros et plus vous gagnerez étant donné vous serez gagnant à coup sûr.

Vous ne prendrez donc aucun risque avec cette technique !

Stratégies n°6 - L'Equipe Gagnante :

- Choisissez une équipe dans le Top 5 mais jamais la 1ere ou la 2eme équipe du classement, ceci pour des raisons de côtes trop faibles.

- Toute l'année, jouez la victoire de l'équipe choisie, qu'elle joue à domicile ou à l'extérieur.

- Étant donné que l'équipe fait partie des 5 premières du classement, vous aurez à la fin de l'année entre 75 % et 90 % de réussite.

- Par exemple, si vous aviez parier sur la victoire du PSG à chaque match durant la saison 2021-2022, vous n'auriez perdu que 12 fois vos paris sur 38 matchs.

- L'exemple est succinct car les côtes ne seront jamais les mêmes pendant 38 matchs, mais si vous aviez parié sur le PSG, vous auriez eu un bénéfice sur les 26 matchs gagnés.

Si la côte avait été constante à 1,50 toute l'année (d'où l'imprécision de l'exemple), et si vous aviez misé 20 euros à chaque fois, vous auriez gagné (20 euros x 26 matchs gagnés x 1,50 de côte fixe) – (20 euros x 12 matchs perdus x 1,50 de côte fixe) = 780 euros – 360 euros = 420 euros.

Si vous aviez misé sur 3 équipes du Top 5 dans 5 championnats différent par exemple, vous auriez gagné, toujours pour une côte de 1,50, la somme de 420 euros x 3 équipes x 5 championnats, soit 6 300 euros au mois de Mai, à la clôture des matchs.

Imaginez la même méthode avec une côte de 1,90 et 50 euros de mise par match. Cela vous aurait fait gagner : ((50 x 26 x 1,90) – (50 x 12 x 1,90)) x 5 championnats x 3 équipes, soit 19 950 euros pour une année de pronostics.

Quasiment 20 000 euros en même pas une année de pronostics !

Cette méthode est une valeur sure sur le long terme et elle vous permettra d'augmenter votre Bankroll de façon exponentielle sans prendre de risques démesurés.

Réfléchissez- y !

Petit aparté qu'il est bon de connaitre :

Comment calculer la probabilité de victoire d'une équipe ?

- Il suffit tout simplement de faire 100 divisé par la côte (100 / côte).

Exemple :

- La victoire à domicile de Marseille est cotée à 1,85 contre Bordeaux, dernier au classement cette année. Vous pensez tous que Marseille va gagner car favori.

Regardons de plus près :

- 100 / 1,85 = 54 % (arrondi).

Marseille a donc 54 % de gagner à domicile d'après les Bookmakers, soit environ 1 chance sur 2 seulement. Marseille est donc loin d'être favori dans ce match.

En ce qui me concerne, je calcule chaque fois la valeur de cette probabilité car bien souvent il y a des surprises !

Stratégies n°7 - Le Lay Score à la mi-temps :

- Repérez un match où il y a déjà 2 ou 3 buts à la mi-temps.

- On suppose, à juste titre, que vu le nombre de buts, voire d'actions et de corners effectués en 1ère mi-temps, qu'il y aura encore 1 but ou plus en seconde mi-temps.

Exemple :

- Score à la mi-temps de Barcelone / Alaves = 3 - 1

- Barcelone étant le grand favori, il est fort probable qu'ils mettent encore 1 but dans le match.

- Il faut alors « Layer » le score de 3 - 1.

- De la sorte vous misez contre le fait qu'il y ait 3-1 à la fin du match.

Cette méthode est extrêmement rentable entre une équipe de haut de classement qui joue à domicile contre une équipe classée après la 12ème place.

Stratégies n°8 - La sécurisation d'un pari

- Attendre la 60ème minute de jeu et regarder les côtes à ce moment-là du 1+N et du N+2.

- Si l'addition de la côte du N+2 est supérieure à l'addition de la côte du 1+N, alors vous pouvez miser sur les scores exacts 0-0 et 0-1.

- Ensuite vous sécurisez votre pari en misant sur la victoire de l'équipe à domicile.

- Ajustez la mise de cette dernière jusqu'à ce que les paris ouverts soient tous dans le vert.

Cette méthode de sécurisation des paris vous apportera beaucoup de satisfactions !

Outils gratuits d'analyses des matchs :

http://www.sports-betting-explorer.com/

https://footystats.org/

https://www.oddsportal.com/

https://www.flashscore.fr/

https://www.oddsmath.com/

https://www.fctables.com/

https://www.soccerstats.com/

https://betimate.com/

Pour suivre pas à pas votre Bankroll :

https://app.bet-analytix.com/

La Calculatrice Magique :

https://annabet.com/en/tools/Wizard_Of_Odds/

Cette calculatrice permet d'augmenter la côte finale d'un Draw no Bet (**DNB**), d'un Away no Bet (**ANB**) ou encore d'une double chance (1N / N2 / 12).

- Pour cela, allez dans l'onglet « cover calculator ».

- Dans l'onglet « odds to win », rentrez la côte de la victoire à domicile par exemple.

- Dans l'onglet « odds to cover », rentrez la côte du match nul.

- Dans l'onglet « total stake », rentrez le montant de votre mise.

- Dans l'onglet du dessous intitulé « choose cover style », choisissez « double chance » si vous souhaitez miser sur la victoire à domicile **ou** le match nul remboursé.

- Choisissez « money line / level ball / asian 0-0 » si vous souhaitez miser sur la victoire à domicile **et** le match nul gagnant.

Avec la stratégie de la « double chance », vous gagnerez quelques euros de moins mais vous aurez 2 chances sur 3 à chaque fois de remporter un gain.

Avec la seconde stratégie, vous gagnerez un peu plus avec la victoire à domicile, vous serez remboursé en cas de match nul, et vous perdrez si la victoire à l'extérieure l'emporte.

Pour ma part, je préfère jouer sur la « double chance » car je considère qu'il vaut mieux gagner un peu moins chaque jour, qu'un peu plus mais moins souvent.

L'un dans l'autre, la stratégie de la «double chance » vous rapportera beaucoup plus d'argent sur le moyen et long terme.

Mais cela reste un point de vue purement personnel !

En conclusion, *je vous donnerais ce petit conseil qui peut vous rapporter un Smic, voire plus, par mois. Ne cherchez pas à remporter à tout prix de gros gains utopiques à chaque pari. Privilégiez plutôt les paris ayant de petites côtes et cherchez à gagner 4 ou 5 euros par jour*

*- **Exemple 1** : 10 paris par jour x 4 euros de gain par paris x 30 jours = 1200 euros de gains.*

*- **Exemple 2** : 10 paris par jour x 5 euros de gain par paris x 30 jours = 1500 euros de gains.*

Ne pariez pas, investissez !

Printed in France by Amazon
Brétigny-sur-Orge, FR

13660226R00067